不得不知的人类文明

BUDEBUZHI DE
RENLEI WENMING

著名的皇宫

ZHUMING DE HUANGGONG

知识达人 编著

成都地图出版社

图书在版编目（CIP）数据

著名的皇宫 / 知识达人编著 . —— 成都 : 成都地图
出版社 , 2017.1（2021.10 重印）
（不得不知的人类文明）
ISBN 978-7-5557-0443-0

Ⅰ . ①著… Ⅱ . ①知… Ⅲ . ①宫殿—介绍—世界
Ⅳ . ① K917.4

中国版本图书馆 CIP 数据核字 (2016) 第 210581 号

不得不知的人类文明：著名的皇宫

责任编辑：马红文
封面设计：纸上魔方

出版发行：成都地图出版社
地　　址：成都市龙泉驿区建设路 2 号
邮政编码：610100
电　　话：028 - 84884826（营销部）
传　　真：028 - 84884820

印　　刷：唐山富达印务有限公司
（如发现印装质量问题，影响阅读，请与印刷厂商联系调换）

开　　本：710mm × 1000mm　1/16				
印　　张：8		字　　数：160 千字		
版　　次：2017 年 1 月第 1 版	印	次：2021 年 10 月第 4 次印刷		
书　　号：ISBN 978-7-5557-0443-0				
定　　价：38.00 元				

前言

　　为什么古巴比伦城被称为"空中的花园"？威尼斯为什么建在水上？四大文明要到哪里寻找呢？拉菲庄园为什么盛产葡萄酒？你想听听赵州桥的故事吗？你知道男人女人都不穿鞋的边陲古寨在哪里吗？你去过美丽峡谷中的德夯苗寨吗？

　　《不得不知的人类文明》包括宫殿城堡、古村古镇、建筑奇迹等。它通过浅显易懂的语言、轻松幽默的漫画、丰富有趣的知识点，为孩子营造了一个超级广阔的阅读和想象空间。

　　让我们现在就出发，一起去了解人类文明吧！

目录

目录

目录

长乐宫的排水
设施很特别

　　雨季来临时，每个人都会感谢城市的设计者，是他们为我们修建了排水管道。试想一下，如果没有这些规划整齐的"网状地下通道"，城市一定会淹没在瓢泼大雨中。到时候，我们的生命和财产都将面临巨大的危险。

　　古代的长安城，也就是今天的陕西西安，公元前202年汉高祖开始在此修建长乐宫。当然，这里自然少不了排水管道这么重要

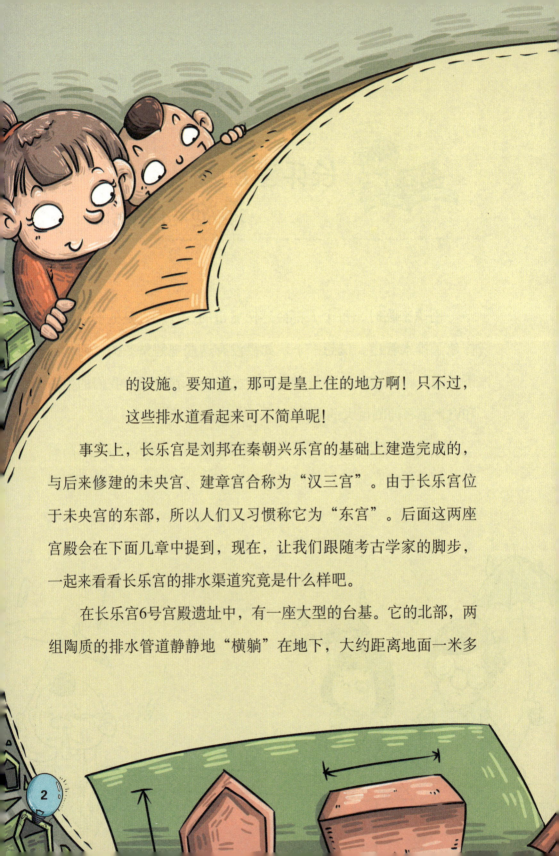

的设施。要知道，那可是皇上住的地方啊！只不过，这些排水道看起来可不简单呢！

事实上，长乐宫是刘邦在秦朝兴乐宫的基础上建造完成的，与后来修建的未央宫、建章宫合称为"汉三宫"。由于长乐宫位于未央宫的东部，所以人们又习惯称它为"东宫"。后面这两座宫殿会在下面几章中提到，现在，让我们跟随考古学家的脚步，一起来看看长乐宫的排水渠道究竟是什么样吧。

在长乐宫6号宫殿遗址中，有一座大型的台基。它的北部，两组陶质的排水管道静静地"横躺"在地下，大约距离地面一米多深的样子。这些长短不一、粗细不同的排水管道，分别从南边和北边延伸而来，并且在排水渠边"相会"。这是一条约57米长、1.8米宽的水渠，可以容纳大量的污水，大量污水汇集在这里，之后便会从西北方向流出。

瞧瞧，光是地下的排水管道就设计得这么精密排场，想必，地面上的宫殿也是气势恢宏啦！这座位于长安城东南角的建筑物，东西长约2900米，南北宽约2400米。相信以你现在的数学程

1.8 m

度，应该可以算出它的面积吧，没错，大约有6平方千米。你可以想象一下，它差不多是整座长安城的六分之一。

　　长乐宫四面分别设有宫门，在东门和西门专门建立了两座望楼，古人称之为"东阙"和"西阙"。宫殿的城墙虽然是土质，但夯实坚固，厚度有20多米。难怪人们打比方时总爱说"比城墙还厚"呢。

　　宫内共有14座宫殿，它们整齐划一，都是坐北朝南。前殿位于南面中部，是长乐宫的主要建筑，因此，成为了皇帝接见大臣、处理公务的地方，包括长秋殿、长信宫、永昌殿和永寿殿等。

　　如果你还想知道更多大殿名称的话，那么以下这段内容，就需要用心记了：在前殿北面，有大夏殿、临华殿、宣德殿、通光殿、高明殿、建始殿、广阳殿、神仙殿、椒房殿和长亭殿等。除此之外，还有温室殿、钟室和月室。

　　这么大的宫殿，里面的屋子一定不小，比如考古学家挖掘出

城墙

厚！

的4号宫殿就约有2000平方米呢！这里的地面是由鹅卵石铺成的，表层用砂浆抹平，看起来平整光滑。通道和台阶处，则是用印花砖铺成，十分精美。灰白色的墙壁并不单调，因为上面绘制着精美的彩色壁画。

我想，你一定最关心前殿长什么样子吧，皇帝和大臣开会的地方确实很吸引人。当考古学家对6号宫殿进行了一番考究后，他们表示这里应该就是前殿遗址。在宫殿的中心，立有大型的台基，东西约160米，现存南北宽度50米左右。

就在这里，一条长达34.29米的半地下通道转移了专家们的注意。这会是那些巨型排水管道露在外面的部分吗？从通道铺有的地砖和花纹砖看来，专家们认为，古时的皇宫中多设有密道，这条地下通道不排除这种可能性。让我们试着猜想下，或许，它真的是皇室的"安全通道"呢！

未央宫成了汉宫的"代言人"

也许你是个定力十足的孩子，根本不接受代言人和广告的诱惑。但当你路过超市货架上的商品的时候，还是会不自觉地看上两眼，并且还会在脑海中立刻想到是哪位代言人。现在你相信了吧，这些代言人的身上确实有种魔力。

XXX牌

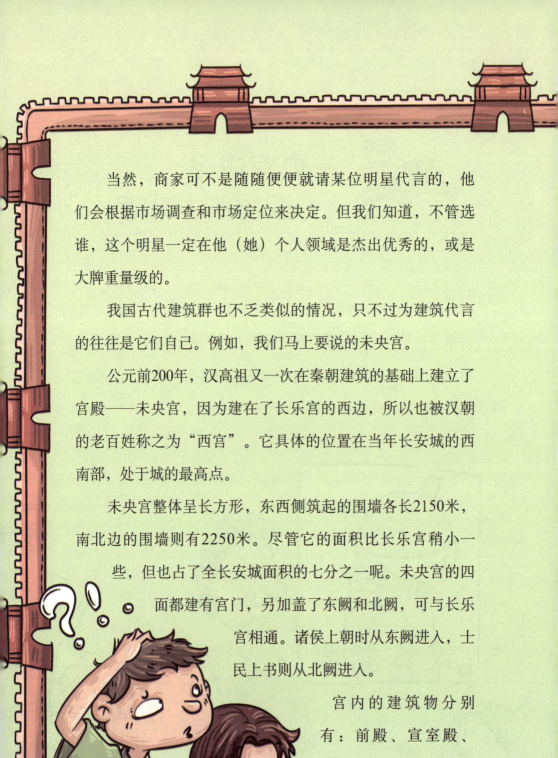

　　当然，商家可不是随随便便就请某位明星代言的，他们会根据市场调查和市场定位来决定。但我们知道，不管选谁，这个明星一定在他（她）个人领域是杰出优秀的，或是大牌重量级的。

　　我国古代建筑群也不乏类似的情况，只不过为建筑代言的往往是它们自己。例如，我们马上要说的未央宫。

　　公元前200年，汉高祖又一次在秦朝建筑的基础上建立了宫殿——未央宫，因为建在了长乐宫的西边，所以也被汉朝的老百姓称之为"西宫"。它具体的位置在当年长安城的西南部，处于城的最高点。

　　未央宫整体呈长方形，东西侧筑起的围墙各长2150米，南北边的围墙则有2250米。尽管它的面积比长乐宫稍小一些，但也占了全长安城面积的七分之一呢。未央宫的四面都建有宫门，另加盖了东阙和北阙，可与长乐宫相通。诸侯上朝时从东阙进入，士民上书则从北阙进入。

　　宫内的建筑物分别有：前殿、宣室殿、

金华殿、承明殿、高门殿、温室殿、清凉殿、麒麟殿、武台殿、钩弋殿、白虎殿、玉堂殿、宣德殿、椒房殿、昭阳殿、柏梁台、天禄阁、石渠阁、寿成殿、万岁殿、广明殿、清凉殿、永延殿、寿安殿、平就殿、东明殿、岁羽殿、凤凰殿、通光殿、曲台殿、猗兰殿、无缘殿等。

这32座殿阁的名字你记下了吗？别得意哦，未央宫内足足有40多座宫殿呢，要想全部背下来，还真得下一番功夫呢！

其中，气势恢宏的前殿建在未央宫的正中，南北长350米左右，东西宽约200米，北边的最高的地方差不多有15米，甚至比整个长安城都高。台基由南向北分成了三层台面，中间的台面则是朝廷的正殿，这里通常会

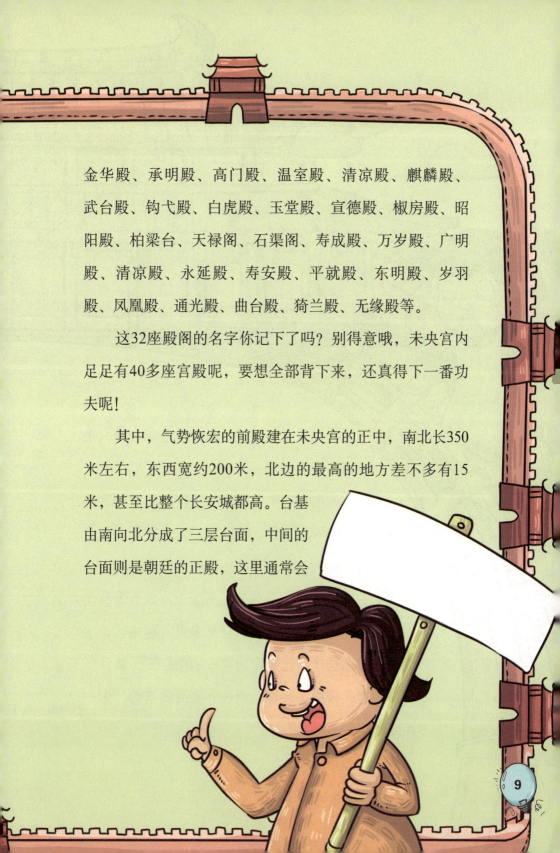

举行重大的仪式。例如，皇帝登基、皇室婚礼等大型典礼。

在前殿的两侧分别是西厢和东厢，而北部的大殿则作为皇帝下朝后的"休息室"。除此之外，未央宫中还有6座小山和几处水池。

那么，究竟未央宫是如何后来居上，成为了汉代众多宫殿中的"代言人"呢？自从未央宫建成后，汉代执政者大都选择了这里作为"政治中心"。新莽、西晋、前赵、前秦、后秦、西魏、北周的皇帝，无一不在此处居住。

　　你掌握的历史知识，能让你想起这里发生的故事吗？例如张骞就是从此地出发，从而有了后来举世闻名的"丝绸之路"；还有四大美女之一的王昭君，也是从这里出发，远离家乡与匈奴和亲的。当然，如果你还知道更多的话，肯定记得赵飞燕也曾在这里居住过。

　　瞧，未央宫"记录"了这么多汉朝大事，又是好几个皇帝治理朝政的地方，在它被作为都城的360年里，名气已经远远超过了其他的汉宫。这就难怪为什么后世的诗人常会用未央宫来作为汉宫的代表了。

"度比未央"
的建章宫

"汉三宫"当中，除了长乐宫和未央宫之外，还有一个建章宫。它位于汉长安城直城门外的上林苑，在未央宫的西边。自古以来，建章宫就有"度比未央"之称，这是因为，它是为显示大汉的国威和富足所建。

目前关于建章宫的挖掘工作，只进行了不到十分之一，从现有的出土文物中，考古学家发现了汉代的砖瓦与瓦当残片，以及当时流通使用的汉五铢。要想有进一步的新发现，还需要继续发掘才行。

公元前104年，汉武帝下令建造建章宫。与此同时，他还考虑到了交通直达的问题，随即又命人跨城修建了"飞阁辇道"。从此，这条宽广大道直接通向了未央宫。

建章宫之所以被称作"度比未央"，那是因为宫内的屋子多到我们数都数不过来。《三辅黄图》记载："周二十余里，千门万户，在未央宫西、长安城外。"瞧见了吧，这座宫殿的规模都已经升级为"千门万户"了呢！

从整体布局来看，建章宫规格整齐。正门圆阙、玉堂、建章前殿和天梁宫均在一条线上，我们管这条线叫中轴线。假使你是汉武帝时期的大臣，那么，当你站在这条线的其中一个建筑前时，是绝对看不到它身后的建筑的。这就好比我们排队成为一条

直线时，每个人都只能看到自己眼前的那颗圆圆的脑袋。

别忘记建章宫的特点，人家可是号称"千门万户"呢！仅仅在这中轴线上，就有一重又一重的门和阙。正门被古人称作是"阊阖"（chāng hé），它的高度大约在83米左右。这个名字也许念上去有些奇怪，那你可以选择叫它的另外一个名字——璧门。

在璧门的西边，有一位铜塑的仙人，他手中捧着一个装着杯子的大铜盘，有"承接雨露"之寓意。汉武帝一心想要得道成仙，认为喝了仙人杯中的天赐"琼浆"，就会长命百岁。而这位仙人"站着"的地方，正是经历了2000多年沧桑变迁的神明台。只可惜神明台的台基还在，但铜盘却已经失踪多年。

在璧门的北边是圆阙门。进入圆阙门，便能看到气势威严的建章前殿了。

宫殿内的其他宫室以中轴线为纵

长生？

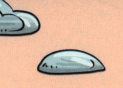

坐标，分别建立在左右两边，每间宫殿都围有阁道。

　　在建章宫的西北部，是著名的太液池，这里其实是一个占地0.67平方千米的人工湖。池中有一座近67米高的渐台，真的很好奇，当时的工人是如何将它立上去的呢？

　　池子里除了有这个高高的庞然大物，还有三座假山，也就是三仙山。你猜对了，这是汉武帝用来求神祈福的地方。但为什么是三座假山而不是一座或是两座呢？古人认为，东海的瀛洲、蓬莱和方丈是住着神仙的地方。因此，人们也就常会将这三座山联系在一起了。

　　太液池的北岸，有一座长10米、高1.6米左右的大型石

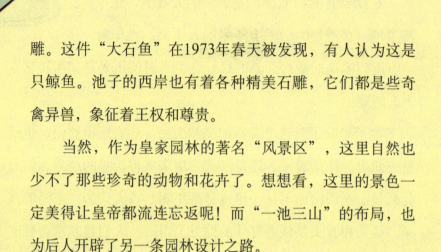

雕。这件"大石鱼"在1973年春天被发现，有人认为这是只鲸鱼。池子的西岸也有着各种精美石雕，它们都是些奇禽异兽，象征着王权和尊贵。

当然，作为皇家园林的著名"风景区"，这里自然也少不了那些珍奇的动物和花卉了。想想看，这里的景色一定美得让皇帝都流连忘返呢！而"一池三山"的布局，也为后人开辟了另一条园林设计之路。

名副其实
的"大皇宫"

　　古代皇帝建造的宫殿几乎都在"大"上用足了心思。尽管建章宫的"千门万户"让我们后人瞠目结舌，但如果你知道大明宫的一些基本常识，估计会惊讶得合不拢嘴呢！

　　我们看的电视剧里，武则天就是住在大明宫里的，不过，这座宫殿并不是她修建的。公

元634年，唐太宗为表示自己对父亲的爱，所以修建了大明宫。当然，我们也常常通过买礼物的方式来孝顺父母。但其实心意最重要，毕竟，不是谁都有实力能为父亲盖一座宫殿的，对吗？

大明宫建成后，成为了唐朝的政治权力中心，整体面积约有3.2平方千米，大概有500个正规的足球场那么大。宫城的东边、西边和北边分别设有夹城。什么是夹城呢？唐高宗在对大明宫进行扩建时，为方便上朝与外出，专门为自己修建了一条"私人通道"。其实就是两墙之间形成的一条夹道。

由于大明宫修建在唐长安城的东北侧，所以宫殿城墙的南段与古长安城的北墙东段重合，长约1674米。宫殿的西墙长2256

米，北墙长1135米。宫殿的南部是三道并行的宫墙。宫墙外面的丹凤门大街，是世界上最宽的街道，有176米的宽度。

整座大明宫分为前朝和内庭两个部分。丹凤门大街以北包括含元殿、宣政殿和紫宸殿，其中含元殿又是大明宫的正殿，位于丹凤门向北约600米的地方。这里我们要提一下丹凤门，它是大明宫的正门。

殿前那条足足有78米长的龙尾道，气势恢宏，将皇帝的威严和气派显示得淋漓尽致。皇室每逢庆典和朝会，都会在含元殿举行。

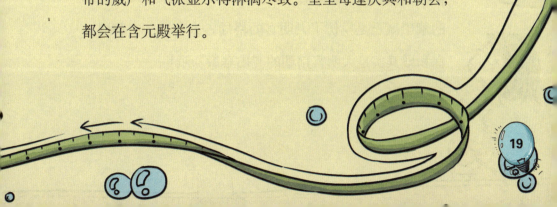

宣政殿是皇帝每日上朝办公的场所，在含元殿的正北方向。殿基东西长约70米，南北有40多米宽。位于其北部的紫宸殿，就离它近了许多，大约不到100米的距离，这里是大臣朝见皇帝的地方。

含元殿、宣政殿和紫宸殿，分别被人们称作"外朝"、"中朝"和"内朝"。如果你参观过北京的故宫，会发现两座建筑群十分相似。这就对了！因为北京的紫禁城正是模仿了大明宫的格局，太和殿、中和殿、保和殿其实是大明宫前朝的"山寨版"哦！

　　大明宫的内庭包括麟德殿等其他大殿，以及北部的园林区。麟德殿是宫内规模最大的别殿，约有12300平方米，看到这个数字你一定偷着乐了吧，这似乎是到目前为止，最好记的一个内容了！

　　整个麟德殿周围有回廊环绕，东西两侧还有郁仪楼和结邻楼，它们与主殿的上层连通，飞廊也设计得十分精妙。讲到这里，你还能回忆起我们上面提到的重要信息吗？

　　首先，大明宫有500个足球场那么大。

其次，皇帝为方便上朝和出行修建的"私人通道"叫夹城。

还有，至今为止，世界上最宽的街道在我们中国，叫丹凤门大街。

最后的这条，可千万别记混了：大明宫分为前朝和内庭，前朝又分为"外朝"、"中朝"和"内朝"，它们分别是含元殿、宣政殿和紫宸殿。

瞧，这样一整理，是不是既有逻辑又好记呢？那么，以后的内容，你也学着这么做吧！

是谁把布达拉宫变成了新房

还记得唐代那位自愿与吐蕃和亲的公主吧？没错，她就是文成公主，与她举行婚礼的男士正是吐蕃王朝的松赞干布。传说，公元641年，松赞干布为了显示自己的诚意和对婚礼的重视，专门为文成公主修建了一座"新房"——红山宫（现为布达拉宫）。

布达拉宫之所以在最初被称为"红山宫"，是因为它位于西藏拉萨市西北处的红山上。这座宫殿外观看似有13层，实际只有9层，总体高度达117.2米，占地面积36万多平方米。宫殿内部所有的重要建筑都绘有壁画，色彩以暖色为主，青色和绿色予以陪衬。木质的部分则被精心雕刻，形式多种多样，除了浮雕和半圆雕之外，有的则是将花纹雕好后，贴到梁柱上的。

宫殿规模宏大，又因为海拔在3750米以上，所以被称作是"世界屋脊明珠"。人们站在很远的地方，也能欣赏到布达拉宫的壮观雄姿呢！

其实，现在的布达拉宫并不是原有的全貌。当时修建的宫殿是由三座九层的楼宇组成，有数千间宫室。只可惜，历史的沧桑和变迁，让宫殿失去了原有的风采。布达拉宫在重建后，主体建筑则分为东部的白宫和中部的红宫，以及西部白色的僧房、扎厦等。

　　白宫大门与白宫门廊相通，其外墙是圣洁的白色，一共是7层。最顶层是"日光殿"，这里的部分屋顶是开着的，白天阳光能够自由地照射进来，采光特别好。晚上则会用篷布遮住，当然，如果想看星星的话，也可以让屋顶一直开着。

　　白宫内最大的殿堂在它的第四层，叫"东有寂圆满大殿"，约717平方米，里面有44根柱子。白宫的外面有一条上山的路径，远远看上去就像我们的汉字"之"。东侧的半山腰上是"德央厦"，人们也称它为东庭院，这里有1500多平方米，是供人们活动的广场。

　　布达拉宫的中央是红宫，它的外墙为红色，建筑师们管这里的布局叫作"曼陀罗布局"。怎么说呢？其实你可以理解为：以一个建筑为中心，围绕着它在四周建立了众多建筑。这种布局的

好处是，红宫中的每个建筑都能够彼此相连，并且使整座红宫与白宫连为一体。

红宫中最高的殿堂是三界兴盛殿，最主要的建筑则是灵塔殿，另外还有法王殿、圣者殿和弥勒佛殿。不过，虽然这五座殿堂的外观十分相近，但规模却是不同的。灵塔殿的享堂西大殿是红宫中最大的殿堂，占地面积725.7平方米，高6米多。大殿内有698幅壁画，而且还悬挂着乾隆皇帝的墨宝呢！

在红宫的屋顶平台上，布满了各个灵塔殿的金顶，这些都属于单檐歇山式。单檐歇山式是歇山式的其中一种，在古代建筑中十分常见。像黄鹤楼、滕王阁和故宫角楼都是以歇山式为主的建筑物。如果你想更形象地了解这种构造方式，不如找来上述建筑的明信片看看，你会发现它们中有很多相似之处。

如今的布达拉宫内，收藏着丰富的历史文物和精美的工艺品。其中，唐卡、绸缎、服饰、银器、铜器、玉器、瓷器数以万计，还有明清时期皇帝的敕书、印玺等文物珍宝。而且，布达拉宫也于1994年12月被选入了《世界文化遗产名录》。

故宫真有 9999间半房间吗

如果你是个旅游达人，一提到故宫，肯定会脱口而出地告诉我："它的曾用名是紫禁城"，甚至还会告诉我更多的内容。例如：这座宫殿是明朝和清朝皇帝居住的地方；是世界上最大、最完整的木质结构古建筑群。

故宫是在明朝永乐年间建立完成的，也就是1420年朱棣当皇帝的时候，距今已有600多年，总体面积72万多平方米。相传，玉皇大帝拥有10000间房间，皇帝为了表示自己对神明的尊敬，便在故宫内修建了9999间房间，但事实上，这里一共8700余间房间。

　　整体来看，故宫东西方向约750米宽，南北长960米左右。主体建筑分"前朝"和"内廷"两个部分，由两道坚固的防线包围。在外围，是一条长约3800米，宽度52米的护城河。

　　四面是周长约3400米的城墙，将城内与外部隔绝，有12米那么高。每座城墙均设有一门，正南的午门是正门，位于北边的是神武门，东边的叫东华门，西边的则是西华门。紫禁城内四角都建有角楼。

　　乾清门是外朝和内廷的分界点，南面的外朝包括太和殿、中和殿、保和殿，三大殿都位于皇宫的中轴线上，两边则对称建有：文华殿、文渊阁、南三所、武英殿、内务府等建筑。我们常在清宫剧里听到公公们喊"摆驾金銮殿"，他们口中的金銮殿其

实就是太和殿，这里是皇帝每日上朝的地方，因此也称为"前朝"。

　　乾清门的北面是内廷。包括：乾清宫、交泰殿、坤宁宫、养心殿、东六宫、西六宫、御花园等建筑。这里是皇帝与嫔妃们居住游玩的地方，而位于中轴线上的后三宫，即乾清宫、交泰殿、坤宁宫为内廷中心。

　　你一定很好奇《还珠格格》里老佛爷住的慈宁宫在哪里吧？它在内廷的西侧，同在这里修建的还有寿安宫。

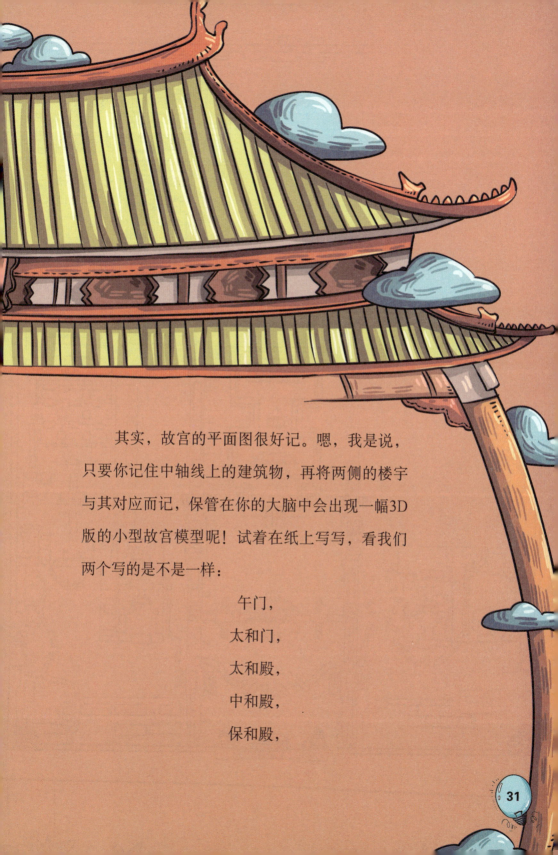

　　其实，故宫的平面图很好记。嗯，我是说，只要你记住中轴线上的建筑物，再将两侧的楼宇与其对应而记，保管在你的大脑中会出现一幅3D版的小型故宫模型呢！试着在纸上写写，看我们两个写的是不是一样：

午门，

太和门，

太和殿，

中和殿，

保和殿，

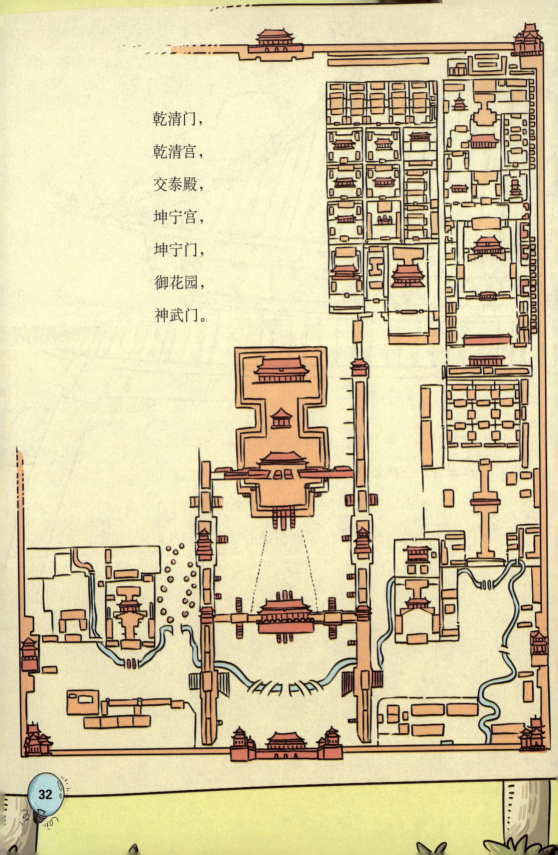

乾清门，

乾清宫，

交泰殿，

坤宁宫，

坤宁门，

御花园，

神武门。

瞧，是不是很好记？对了，也许有些城门你没有写上去，不过相信你一定能够记得住，它们的名字实在太有逻辑性了，不是吗？

　　这些就是中轴线上的建筑。那么西侧都有些什么呢？大致有：养心殿、永寿宫、翊坤宫、储秀宫、太极殿、长春宫、咸福宫、重华宫、建福宫、雨花阁、延庆殿、中正殿、建福宫、英华殿、寿安宫、寿康宫、慈宁宫、内务府、造办处、武英殿、咸安宫、南薰殿，不要忘了，这里还有西华门、西北角楼和西南角楼。

　　中轴线东侧的建筑，大致包括：斋宫、承乾宫、延禧宫、钟粹宫、景阳宫、景仁宫、永和宫、乾西五所、奉先殿、毓庆宫、

宁寿宫、茶缎库、天穹宝殿、南三所、上驷院、御茶膳房、内阁大堂、文华殿、传心殿、灯库、銮驾库、箭亭，以及东华门、东北角楼和东南角楼。

其中，永寿宫、翊坤宫、储秀宫、太极殿、长春宫、咸福宫被合称为"西六宫"。承乾宫、延禧宫、钟粹宫、景阳宫、景仁宫、永和宫就是我们前面提到的"东六宫"。而"大名鼎鼎"的漱芳斋则位于重华宫建筑群内。

克里姆林宫
的前世今生

俄罗斯与我国接壤，是世界上土地面积最大的国家，而克里姆林宫正是该国领袖的官邸。这一建筑群总体呈三角形，围墙上共有18个塔楼。正面建筑为亮黄色，内部建筑的屋顶则多为绿色。

克里姆林宫保存至今的宫墙有2235米，高14米，厚度大概在6米左右，占地面积约27.5万平方米。你知道吗？这么大的建筑群，曾经在一夜之间居然消失了！究竟怎么回事呢？

为了还原当时的惊人效果，我们要从莫斯科保卫战说起。第二次世界大战时，克林姆林宫成为了德国法西斯的主要轰炸对象。由于莫斯科市内的建筑顶部多为红色和褐栗色，所以克里姆林宫在这些建筑中，显得非常惹眼。

为了保护克里姆林宫不受到战争的侵袭，人们对其进行了全面伪装：用颜料和粉末将宫殿内的教堂金顶全部抹去，其

他建筑也一并被漆成了城内建筑的背景色。如此一来，敌机在空中瞄准和射击的难度便有所增加，庞大的建筑群这才躲过一劫。

克林姆林宫是世界上最神秘的地方之一，宫殿内的护卫队是这里的捍卫者。想进护卫队可不是件容易的事，首先，你得是个帅小伙，其次，最少得有1.8米的身高。当然，别以为只有个英俊的脸庞就能胜任此项工作。这个岗位上的士兵，还必须具有岿然不动的定力。

如今已经对外开放的克林姆林宫，有许多值得参观的地方，例如：大克里姆林宫、捷列姆诺依宫、圣母升天教堂、天使教堂、20座塔楼、伊凡大帝钟楼、兵器库、特罗依茨克桥、列宁陵墓等等。

一进入克林姆林宫，首先看到的是中央教堂广场。这里有三座金顶大教堂，旁边则是大克林姆林宫。它是克林姆林宫主要建筑之一，其外观为仿古典俄罗斯式，呈长方形。大克林姆林宫有700个厅室，总面积约2万平方米。

伊凡大帝钟楼是克林姆林宫最高的建筑，有81米高，楼内悬挂着十几个大小不等的古钟。钟楼外有一口1735年铸成的"钟王"。这口大钟重达202吨，高6.14米，直径约6.60米。

在中央教堂广场上，还有一座巨型青铜大炮。它建于1586年，是世界上规模最大的火炮，重量在40吨左右，长5.34米。这么说吧，在炮口处同时进3个人绝对没问题！"炮王"原本是用来保护克林姆林宫的，但事实上，它从未被发射过。

"炮王"的不远处，就是圣母升天教堂。它的5个金色圆顶在阳光的照射下闪闪发光，报喜教堂和天使教堂分立在它的

西侧和南侧。兵器库位于克林姆林宫的西角，是现在的武器博物馆，收藏着古代俄国的各种武器，例如盾牌和长剑。

红场是全俄罗斯人民的精神家园。在克林姆林宫东墙的一侧，就是红场的所在地。它到17世纪中叶才被称为"红场"，总面积约9万平方米，呈长方形，南北长，东西窄。红场是人们庆祝、集会和阅兵的地方。

当然，即使游客们被允许进入克林姆林宫参观，也并不能随心所欲地四处溜达。公众区与行政区的界限会有士兵专门看管。

政府总部位于克林姆林宫中。总统的贴身副官和安全人员也都有各自的办公室。如果你运气好的话，还会看到匆忙路过的普京和他的保镖呢！

宫殿内的情况就说这么多了，毕竟不是所有的秘密都能向你展示，比如，总统的私人房间，还有这里工作人员的人数等等。

号称"俄罗斯之魂"的冬宫

　　圣彼得堡是俄罗斯的第二大城市，这里有号称"俄罗斯之魂"的冬宫。如果从空中俯瞰，你会发现，这排绿白相间的宫殿和它周围的建筑，几乎是围绕着一座广场而修建的。这就是著名的宫殿广场，也是圣彼得堡的中心广场。

　　这里最有气势的，莫过于竖立在广场中央的亚历山大柱了。由整块花岗石制成的柱子没有任何支撑，只是靠着自己的重量立在底座上。嗯，如果你愿意，可以叫它"柱坚强"。要知道，它可有600吨重呢，真是无法想象！

在面朝宫殿广场的方向，冬宫的中部向前凸出。据说，历史上每逢盛大的节日，都会有四辆马车从冬宫的正前方驶过。其中绿色的马车出自宫廷，而红色的马车则来自国外。

宫殿的入口处是阿特拉斯巨神群像，四周各有两排壮观无比的柱廊。这座长方形的宫殿，曾经一度成为了俄国最高的建筑物，这又是为什么呢？

在19世纪时，俄国颁布了一项特殊的法律规定：圣彼得堡市所有的建筑，都不许高于冬宫。不过，教堂除外。想想看，这座具有18世纪俄国巴洛克风格的建筑，在人民心中有着多么重要的地位啊！

在圣彼得堡宫殿广场一侧，就是冬宫的位置所在了。它的外墙为浅蓝色，占地面积约4.7万平方米，是艾尔米塔什博物馆的一部分。整座宫殿上下分为3层，长约280米，宽有140米左右，有22米那么高。宫殿装饰富丽堂皇，孔雀石、碧玉、玛瑙等等，诸如此类的宝石很多大厅都能看到。

冬宫到底有多大呢？这里最早有1057间房间，1886扇门，1945扇窗户，117个楼梯。如果要全部走完，总路程将会达到25千米。其中，绘画作品有1.5万幅左右，雕塑作品约1.2万件，其他艺术品26万件等等。

我们打个比方，假使在每一件艺术珍品前匆匆看一眼，停留不到10秒钟，那么，要想把

270万件藏品全部观赏完，你最少也得花费300个昼夜才行呢！

另外，你需要一边观赏珍品，一边跟着队伍，否则很容易走丢。不过，参观时并不用太担心，因为在冬宫厅室的每一个角落，都有一个"执勤"的工作人员，她会告诉你怎么走的。当然，要花费300天的时间和精力，恐怕不是每个人都能够接受的。不如，我们就简单介绍几个著名的大厅吧。

徽章厅内，最让人震惊的，是分立在周围的柱子。它们金光闪烁，十分耀眼。千万别以为这些柱子都只在表面镀了金，人家可是绝对的真东西。从上到下，全部都是用真正的黄金浇铸而成，足足有9吨呢！

陈列馆大厅则是另一种风格的美。这里有着东方色彩的离奇线条装饰四周，与文艺复兴时期的精美奢华形成了对比，却又两相辉映。来此参观的人，都会对金孔雀报时钟比较感兴趣。它是众多机械收藏品中最引人注目的展品，至今已有200多年的历史，但依然能够工作。每当报时的时候，这只纯金打造

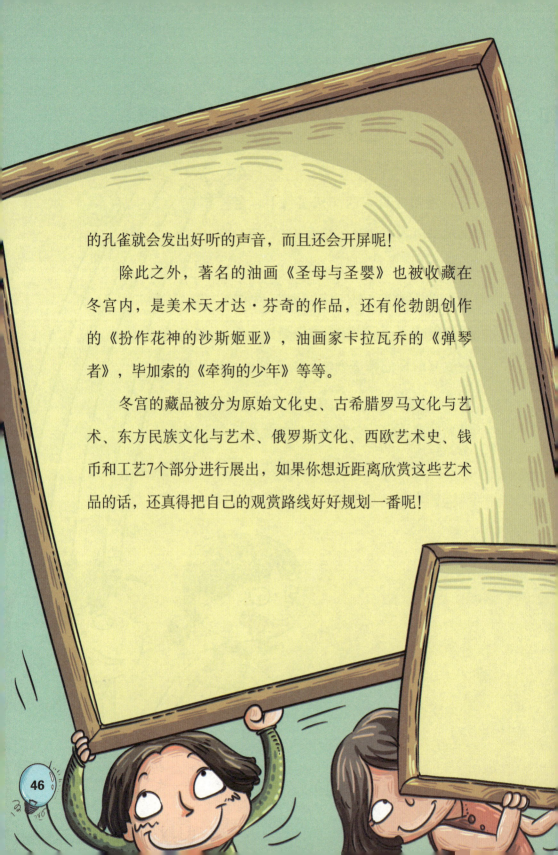

的孔雀就会发出好听的声音，而且还会开屏呢！

除此之外，著名的油画《圣母与圣婴》也被收藏在冬宫内，是美术天才达·芬奇的作品，还有伦勃朗创作的《扮作花神的沙斯姬亚》，油画家卡拉瓦乔的《弹琴者》，毕加索的《牵狗的少年》等等。

冬宫的藏品被分为原始文化史、古希腊罗马文化与艺术、东方民族文化与艺术、俄罗斯文化、西欧艺术史、钱币和工艺7个部分进行展出，如果你想近距离欣赏这些艺术品的话，还真得把自己的观赏路线好好规划一番呢！

大皇宫可谓
艺术王国

　　泰国在亚洲的东南部，首都曼谷就位于湄南河的入海口处。曼谷市内，一座大型古建筑群是当地保护最完整的宫殿，它叫"大皇宫"。这座庞大的建筑群包括22座宫殿，总占地面积约为21.84万平方米。

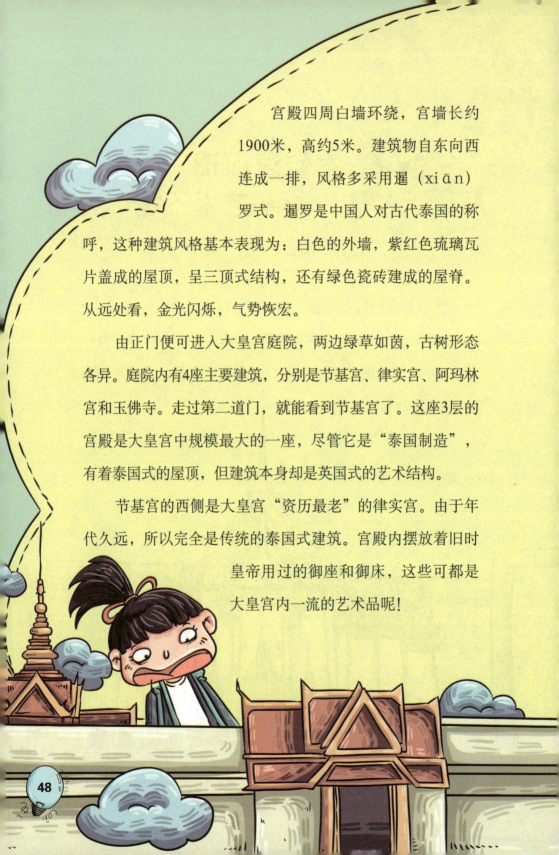

宫殿四周白墙环绕，宫墙长约1900米，高约5米。建筑物自东向西连成一排，风格多采用暹（xiān）罗式。暹罗是中国人对古代泰国的称呼，这种建筑风格基本表现为：白色的外墙，紫红色琉璃瓦片盖成的屋顶，呈三顶式结构，还有绿色瓷砖建成的屋脊。从远处看，金光闪烁，气势恢宏。

由正门便可进入大皇宫庭院，两边绿草如茵，古树形态各异。庭院内有4座主要建筑，分别是节基宫、律实宫、阿玛林宫和玉佛寺。走过第二道门，就能看到节基宫了。这座3层的宫殿是大皇宫中规模最大的一座，尽管它是"泰国制造"，有着泰国式的屋顶，但建筑本身却是英国式的艺术结构。

节基宫的西侧是大皇宫"资历最老"的律实宫。由于年代久远，所以完全是传统的泰国式建筑。宫殿内摆放着旧时皇帝用过的御座和御床，这些可都是大皇宫内一流的艺术品呢！

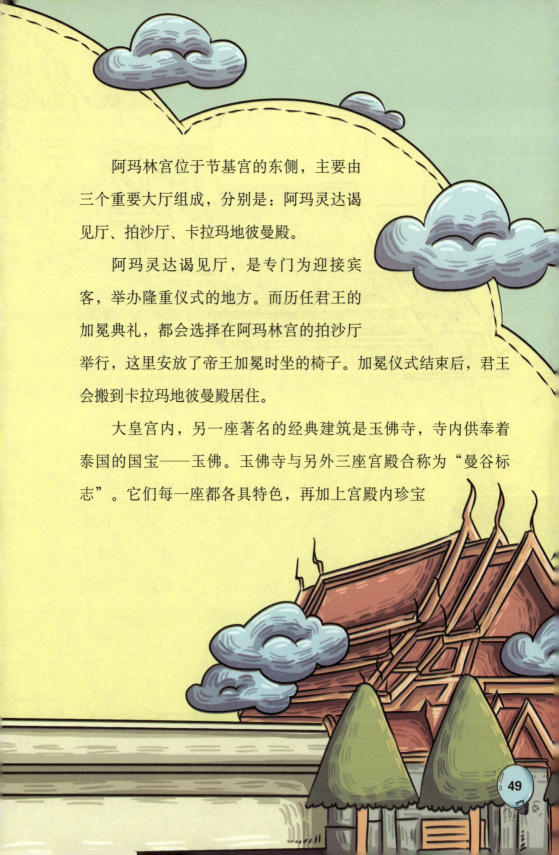

　　阿玛林宫位于节基宫的东侧，主要由三个重要大厅组成，分别是：阿玛灵达谒见厅、拍沙厅、卡拉玛地彼曼殿。

　　阿玛灵达谒见厅，是专门为迎接宾客，举办隆重仪式的地方。而历任君王的加冕典礼，都会选择在阿玛林宫的拍沙厅举行，这里安放了帝王加冕时坐的椅子。加冕仪式结束后，君王会搬到卡拉玛地彼曼殿居住。

　　大皇宫内，另一座著名的经典建筑是玉佛寺，寺内供奉着泰国的国宝——玉佛。玉佛寺与另外三座宫殿合称为"曼谷标志"。它们每一座都各具特色，再加上宫殿内珍宝

无数，难怪人们会称大皇宫是"泰国的艺术大全"了！

除此之外，位于大皇宫内廷的武隆碧曼宫也十分特别。这座西式风格的建筑物，是1909年拉玛五世王赠给太子的宫殿。如今，这里成为了迎宾馆，专门接待国家元首和皇室贵族。

哦，对了。在去参观之前，一定要注意自己的服装呀！穿着随便的人，是不会被允许进入大皇宫的。

　　大皇宫外，是椭圆形的王家田广场，这里曾是皇家御用场地。大皇宫对外开放后，国王会在每年的泰国新年来到广场，和人民一起举行盛大的庆祝仪式。

　　广场周围还有很多好玩的地方，比如泰国的国家博物馆、国家剧院、国家艺术馆等建筑，如果有机会来参观大皇宫的话，不妨也去那些地方瞧瞧吧！

让人迷惑的
四十柱宫

伊朗位于亚洲的西南部，在我们国家的西边，这里的石油资源十分丰富。伊朗的中部，有一座叫伊斯法罕的城市，它是伊朗的第三大城市，更是丝绸之路的必经之道。四十柱宫正是伊斯法罕城最有名的建筑，1647年，这座宫殿被修建在一座大花园中，主要被用来接待外国宾客。

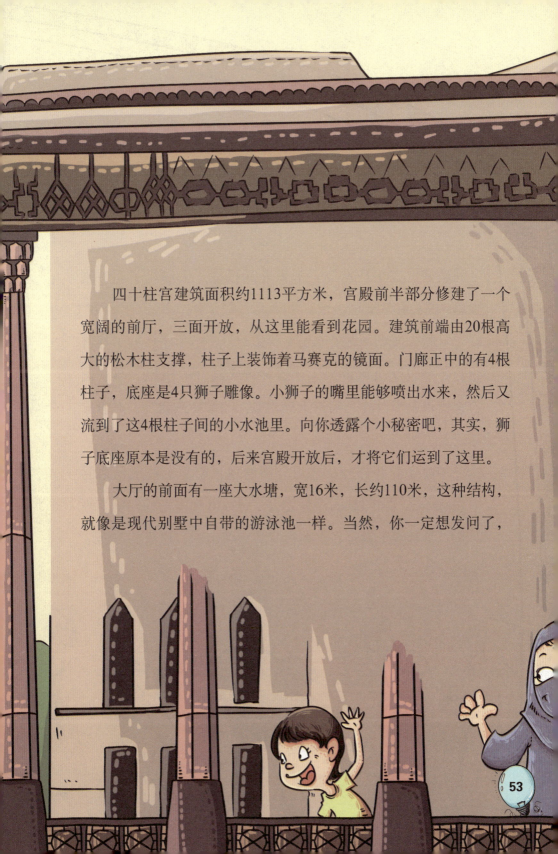

　　四十柱宫建筑面积约1113平方米，宫殿前半部分修建了一个宽阔的前厅，三面开放，从这里能看到花园。建筑前端由20根高大的松木柱支撑，柱子上装饰着马赛克的镜面。门廊正中的有4根柱子，底座是4只狮子雕像。小狮子的嘴里能够喷出水来，然后又流到了这4根柱子间的小水池里。向你透露个小秘密吧，其实，狮子底座原本是没有的，后来宫殿开放后，才将它们运到了这里。

　　大厅的前面有一座大水塘，宽16米，长约110米，这种结构，就像是现代别墅中自带的游泳池一样。当然，你一定想发问了，既然是"四十柱宫"，那另外20根柱子去哪里了呢？别急，它们在水塘里。

瞧，波光粼粼的水面上倒影着柱子的影子，四十柱宫的名字也就由此得来了。这种虚实结合的构想，与我国唐代诗人李白的一句诗十分相似："举杯邀明月，对影成三人。"

前厅分两部分，靠近外面的屋顶绘满了波斯风格的几何彩绘。向门廊的深处走去，可以看到国王的宝座。当年，波斯国王就是在这儿接见各国使节的。这里的三面墙

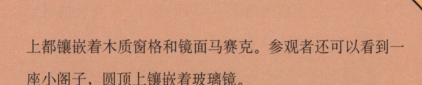

上都镶嵌着木质窗格和镜面马赛克。参观者还可以看到一座小阁子，圆顶上镶嵌着玻璃镜。

穿过前厅，是四十柱宫的大殿。宫殿的镀金穹顶，还有窗户边框上画的花朵，每一样都显示着曾经的华丽。

殿内的墙壁和天花板与前厅一样，也都镶嵌着镜子和五颜六色的玻璃。同时墙壁上还画满了壁画，有的在描述交战时的人物场景，有的是男女跳舞的欢乐场面，还有的则是国王接见外国贵宾时的隆重时刻。

这些壁画以工笔画法为基础，再加以表现故事情景，每一张画都是一个历史内容。这些人物线条细腻流畅，色

彩搭配柔和，特别像平时看到的卡通画。有趣的是，墙上的壁画几乎有个共同的特点：很多人手里都拿着酒瓶。

在大殿的门旁还有一间镜厅，厅室内的墙壁上，全部镶嵌了镜子。如今，开放的四十柱宫，已经将大殿改为了展示厅。厅室中间陈列着古时用的器皿、古币等文物藏品。

也许四十柱宫是我们在整本书中提到的最简单的建筑，但它并不因宫殿的"矮小"从而失去了迷人之处，无论是庭院的美，还是宫殿内如同史诗般的长幅壁画，它都用旧时的姿态，为我们"讲述"了波斯文化的魅力。

用石头打造
的希尔凡宫

在伊朗的北部，有一个叫阿塞拜疆的国家。它东临里海，面积约为8.66万平方千米。尽管阿塞拜疆面积不大，但却有些特殊：它地跨亚欧两洲，北部与俄罗斯接壤，西部与南部被格鲁吉亚、亚美尼亚和伊朗包围。

巴库城位于阿塞拜疆的东部，也是这个国家的首都。在260万年前，巴库地区就已经有了人类的踪迹，当然，那时候的"人"并不像我们这样头脑发达，对于他们来说，能够灵活地使用石器，就是一件了不起的事了！

由于特殊的地理位置和悠长的历史文化，巴库城中有着不少的文明遗迹。建于15世纪的希尔凡宫正是

巴库的地标建筑，更是阿塞拜疆建筑史上一颗灿烂的明珠。

希尔凡宫建在巴库城的一座山丘上，由于西、南两面都是斜坡，所以专门在西边填充了大量的土，又另外建了一堵6米多高的支撑墙，由此形成了整座宫殿前侧的上层大殿。这座宫殿全部都是由石头打

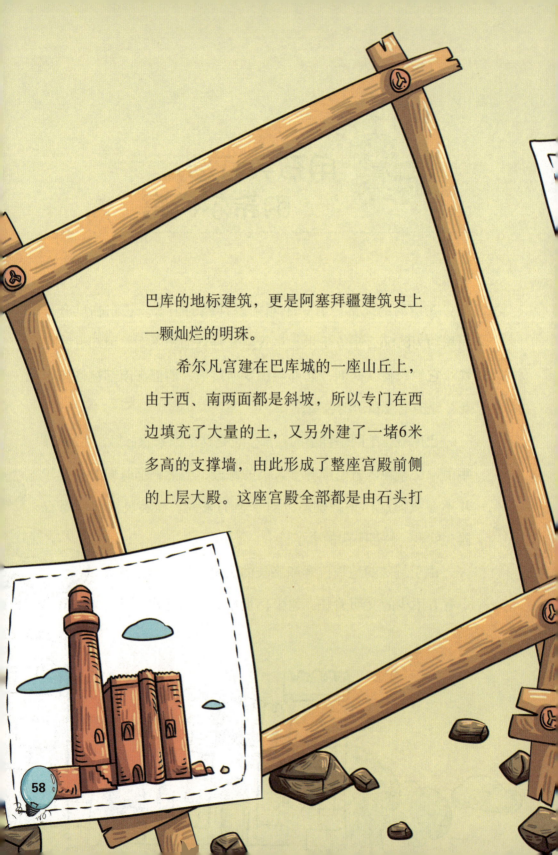

造，堆砌的高墙闪光平整，每块石头间衔接巧妙，几乎看不到任何缝隙。

宫殿西侧是主要入口，入口处的门楼雕饰精美，从这里顺着楼梯可以到达八角大厅。厅室有着高高的圆顶，墙壁上设有壁龛。大厅的后面有一个八角形的客厅，它连接着宫殿内的卧室和起居室，不过，里面的屋子都不算大。

八角大厅还有两个大大的门洞，它们的形状不太好形容。不过，你可以把两只手相向而对，四指的指尖贴紧，手掌间彼此平行。对，就是这样，上面呈

三角形，下面是等边矩形。或许，我们可以称之为"箭形"。两个门洞分别通往宫殿的东西两个方向。

在希尔凡宫的北侧，还有一座基万汗宫。这是一座方形的小院子，无数根柱子矗立在四周。中央修建的圆形建筑物内，也设有一个八角大厅。箭形的门洞镶有外框，门框上装饰着几何形状的花纹。

在宫殿位置稍低些的地方，是赛义德·阿西亚·巴库维陵墓。这座建筑的顶盖呈圆锥形，由八个平面相互拼成。比这里再低一点的位置修建有希尔凡沙赫陵墓群。陵墓建筑上方是圆形的屋顶，这里有星形的浮雕装饰。

除了这三处的建筑外，还有一座清真寺，以其独特的建筑风格在当地十分著名。清真寺的形状像我们数学课本上的直角三角形，门楼上没有装饰，但被凿出了一条宽边。在建筑物的塔上，有精美的钟乳石装饰，并用铁栅栏将塔环绕其中。

希尔凡宫是另一种皇家的威严气派，每个地方都是那么与众不同。更重要的是，用来修建宫殿的石灰石，还有着不一般的价值呢！

当石灰石从俄罗斯运到巴库后，首先要经过工人的打磨加工，使其表面成为乳白色。现在我们看到的宫殿表面是金赭色，有点像咖啡的颜色，原来，随着岁月的流逝，石块还会自己"换

衣服"呢!

别看建筑宫殿的材料是石头，工匠们却用它们造出了不一样的花样来。瞧，宫殿上的花纹，就是工匠们利用石块的宽窄垒出的；远远看去，墙壁颜色变幻多端，这是工匠们利用了石块摆放的位置，或垂直竖立，或水平铺设，这样，石头之间就呈现出忽明忽暗的效果了!

现在你明白了吧，希尔凡宫的石头还真不简单呢!

托普卡帕故宫
是个博物馆

土耳其在俄罗斯的西南方向，与伊朗接壤。托普卡帕故宫就坐落于土耳其的伊斯坦布尔，曾经是历代奥斯曼苏丹的寝宫与办公地。如今，它已经成为了一座博物馆。

托普卡帕故宫占地面积已达70万平方米，四面宫墙环绕，周长约5千米。宫殿整体分为4个庭院，周围建有宫室呈对称式。7座大门中，有3座

面朝大海。帝国门是最大的城门，在它对面的就是阿亚索菲亚广场。

从帝国门进入后，便来到了第一庭院。这里已经对外开放，成为人们闲暇时散心游玩的好去处。穿过公园，你会看到排列有序的宫殿建筑，这里就是第二庭院了，著名的库巴尔提和内政部在庭院的左边。第三庭院内设有皇宫大厅、图书馆。第四庭院则以拉拉花园、雷梵阁和露天阳台著称。

博物馆按照藏品的类型，分别设有：瓷器馆、土耳其国宝馆、历代苏丹服饰馆、古代刺绣馆、古代武器馆、古代钟表馆等，另外还建有图书馆和书法展览馆。其中，瓷器馆、银器和水晶制品馆被设在了第二庭院，服装珠宝馆则被安排在了第三庭院。

瓷器馆的前身，是圆拱顶的御厨房与后妃们居住的房间。修建合并后，将2万多件瓷器全都珍藏于此。这些瓷器均来自于中国古代宋、元、明、清时期，其中最著名的要数那白底蓝花的明朝瓷碗了。这件宝贝烧制工艺精巧，颜色纯正。另外，碗上还题有苏东坡的《赤壁赋》呢！

馆内的另一套珍品，属于青花系列。据说，这套餐具自带"防毒面具"，如果盛入的食物有毒，会立刻改变颜色，特

别神奇！除此之外，馆内还藏有元末明初的大碟、大钵，以及各类青瓷。因此，托普卡帕故宫博物馆，也被人们称为是"中国瓷器的宝库"。

你知道英文里的瓷器怎么说吗？是china。这个词从古代一直沿用至今，可见我们国家的瓷器在世界上多么出名啊！土耳其大概也想表达对中国瓷器的欣赏与钦佩，于是和英国人一样，将土耳其语中的"瓷器"与"中国"用作同一个词语。

可是，中国与土耳其之间有十万八千里远呐！那时候，水陆和陆路交通并不发达，瓷器又是易碎品，究竟是怎么运送到土耳其的呢？嗯，那就要感谢丝绸之路这

瓷器

条"交通要道"了，而且与瓷器一同被运来的，还有中国的丝绸。

在历代苏丹服饰馆中，展示了历代苏丹和妃子们穿过的衣服。这些丝绸大袍有的绣着金丝图案，有的绣着大朵的黄花，每一件都华丽十足，富贵异常。可见在当时，中国的丝织品来到这里后，只有王公贵族才能买来使用，一般的老百姓是绝对买不起这种奢侈品的。

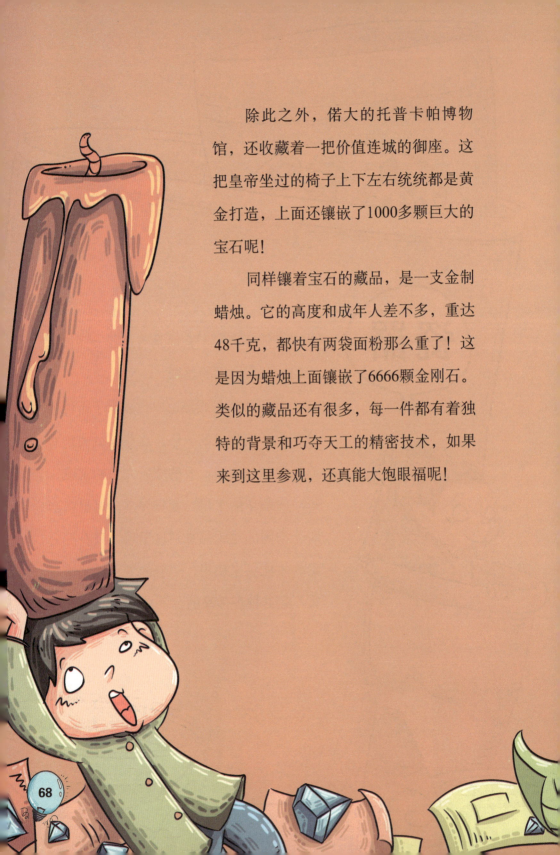

除此之外，偌大的托普卡帕博物馆，还收藏着一把价值连城的御座。这把皇帝坐过的椅子上下左右统统都是黄金打造，上面还镶嵌了1000多颗巨大的宝石呢！

同样镶着宝石的藏品，是一支金制蜡烛。它的高度和成年人差不多，重达48千克，都快有两袋面粉那么重了！这是因为蜡烛上面镶嵌了6666颗金刚石。类似的藏品还有很多，每一件都有着独特的背景和巧夺天工的精密技术，如果来到这里参观，还真能大饱眼福呢！

蒙塔扎宫与
神秘 "F"

提到地中海南部的埃及，大家总会想到被神秘光环笼罩的金字塔。在这个国家，似乎每一处建筑都有它的故事和神秘的地方。如果要是与国王有些联系的话，那这建筑物的"八卦事件"就更多了！

　　蒙塔扎宫位于埃及亚历山大港的东端。在古希腊时期，亚历山大大帝每征服一个地方，都会将那座城市以自己的名字命名当作留念。不过，蒙塔扎宫最初是埃及末代国王法鲁克的行宫。

　　宫殿占地面积约为155.4公顷，周围有密林环绕，地处花园之中。整座建筑将佛罗伦萨与土耳其风格相融合，墙壁主体以纯白为主色，显示着浓郁的贵族气息。不同于欧洲建筑的地方是，蒙塔扎宫并不是左右对称式。顶层的右边修建了小型的亭台，左边则是一座高耸入云的塔楼。

　　建筑共分3层，每层有9个门洞，两边又各有一组落地窗。屋顶左右两侧的塔楼和亭台是在3层以上修建的，塔楼的楼梯在宫殿外

面可以看到。令人疑惑的是，蒙塔扎宫的主楼上，装饰着无数个英文字母"F"，它们是这个国家的幸运符号吗？

据说，福阿德王曾经听信了报喜人的话，认为字母"F"能为他的家族带来好运，于是便将王室子孙的名字都以"F"开头。想必当初修建蒙塔扎宫时，法鲁克也是为了自己的家庭与人民能够幸福，才在建筑设计中频繁地出现"F"作为装饰吧。

宫殿里设施齐全，奢华气派，有很多房间几乎都保留着原样。只可惜，皇宫的内部并不对外开放。这座曾经的皇家专用避暑行宫，如今已成为了埃及国宾馆，每逢埃及总统会晤国外首脑时，就会来到这里。

另外，宫殿前的海滨地段是开放的。这里吸引了不少的当地年轻人，有的会吹着地中海的海风，用一个下午的时间来安静地阅读书籍，十分惬意！想想看，有空来这里垂钓放松下，还真是个不错的选择呢！

在蒙塔扎宫附近，还有一座哈拉姆利克宫。宫殿修建在高地，能够观赏到很美的风景，现在已经改为了酒店。而被椰林围绕的蒙塔扎宫则更像个大花园，里面除了有酒店之外，还有博物馆、餐厅以及海滩浴场。不得不说，这座华丽的宫殿已经成功变身为"旅游中心"了！

夏宫

蒙塔扎宫，也被称作埃及夏宫。事实上，世界上叫"夏宫"的宫殿可不少呢！比如有我国的颐和园，俄罗斯的彼得宫，蒙古国的窝阔台，泰国的邦巴因王宫等。其中，彼德宫又称彼得大帝夏宫，分上、下两个花园，由雕像、喷泉及2个梯形的瀑布组成。

米诺斯王宫
是个迷宫吗

希腊位于地中海旁，我们通常把这种三面环水，一面与大陆相连的国家称作半岛国家。克里特岛在希腊以南的地中海上，但仍属于希腊，它是这个国家最大的岛屿，约有8236平方千米。在克里特岛上，有一座城市叫作克诺索斯，米诺斯王宫就在这里。

在古希腊的神话故事中，米诺斯王宫是由克诺索斯一位伟大的建筑师所建造，是他专门献给国王米诺斯的迷宫。这座宫殿路径交错，只要进去的人都不可能找到出口。相传，雅典人每七年就要将七个男人和女人送入迷宫当祭品，因为里面住着牛首人身的米诺陶罗斯。

当第三个七年来到时，一位英勇的男子主动要求进入迷宫，这才将米诺陶罗斯打败。不过，你不用担心他能不能找到出口，因为年轻男子进来的时候，已经在入口处为自己系上了一条线，只要顺着这根线原路返回就可以了。

难道，米诺斯王宫真的像故事中描述的那样，是一座迷宫吗？遗憾的是，当希腊人开始撰写历史时，米诺斯王宫已经完全

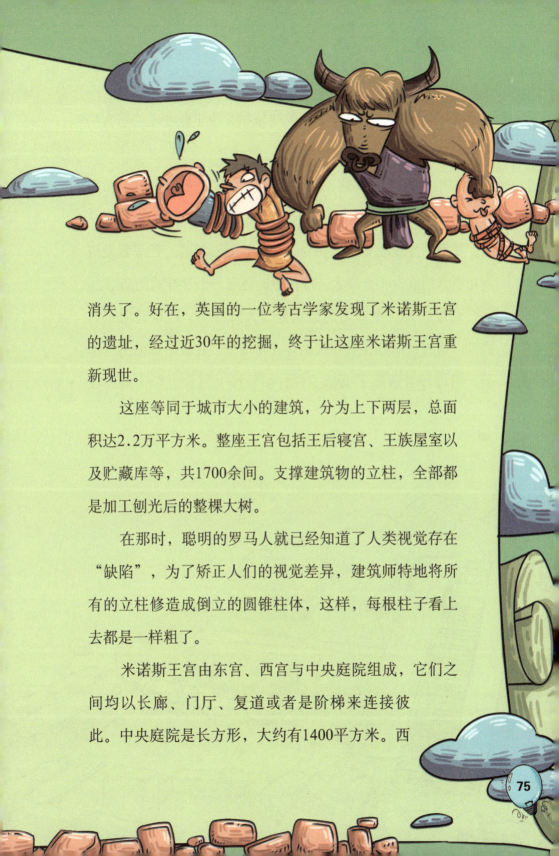

消失了。好在，英国的一位考古学家发现了米诺斯王宫的遗址，经过近30年的挖掘，终于让这座米诺斯王宫重新现世。

这座等同于城市大小的建筑，分为上下两层，总面积达2.2万平方米。整座王宫包括王后寝宫、王族屋室以及贮藏库等，共1700余间。支撑建筑物的立柱，全部都是加工刨光后的整棵大树。

在那时，聪明的罗马人就已经知道了人类视觉存在"缺陷"，为了矫正人们的视觉差异，建筑师特地将所有的立柱修造成倒立的圆锥柱体，这样，每根柱子看上去都是一样粗了。

米诺斯王宫由东宫、西宫与中央庭院组成，它们之间均以长廊、门厅、复道或者是阶梯来连接彼此。中央庭院是长方形，大约有1400平方米。西宫建在了高坡上，是一座三层的建筑物，位于低坡地的东宫则是四层楼。

在中央庭院的西侧，是"御座之室"，它分为前室和后室。前室与中央庭院相向而建，相比起来，后室的面积较大一些，里面的宝座也更引人注目。尽管它是石制的，但靠背是用雪花石膏制成，十分高大。座位下面还有一个卷叶式的凸雕。

遗址中另一个有名的建筑是"大阶梯"。这是通向东宫的唯一通道，而且连着周围的好几堵墙壁。在大阶梯的另一个面，被设计者放置了低低的栏杆。栏杆上竖着上粗下细的柱

子，它们负责支撑着平台。这样做的目的，是希望让阶梯上的平台能够更平稳些。

从现在的遗址看，米诺斯王宫确实有着很多的长廊、复道和一扇扇重门。宫殿内的房屋和院落曲折蜿蜒，不过，错落有致的石梯将这些宫室连在一起，显得无比通畅。当然，也正是因此才会让进入的人眼花缭乱，甚至是"头晕脑胀"。

千万别以为建筑师将心思全都花费在了宫殿的曲折多变上，殿内的装饰具有更高的艺术价值呢！比如，宫殿中的每间宫室都绘有精美的壁画，内容丰富有趣，场面生动活泼。

其中，中央庭院内一幅叫作《戴百合花的国王》的壁画就十分著名。画中的国王正是这座宫殿的主人，只见他头戴王冠，身穿短裙，腰束皮带，面部表情被画师表现得栩栩如生。这些壁画所采用的颜料，都是从植物和矿物中提炼出来的，因此，现在看上去也还有着2000多年前的风采，鲜艳无比。

令人惊叹的
美第奇宫

　　你的身边一定有地球仪吧，或者地图也行，去上面瞧瞧，希腊的旁边就是意大利——一个形状类似"女士皮靴"的地方。意大利的首都是罗马，这里曾一度拥有世界上最伟大的建造师，他们留下的经典之作，总会让后人膜拜和惊叹。比如为美第奇家族设计的这座宫殿。

　　美第奇家族可不是什么"土财主"，也许在你的印象中，能

给自己盖楼的人，除了皇帝就只有暴发户和财主了。这个家族在意大利的佛罗伦萨十分有名，可以说是13世纪到17世纪时期欧洲的名门望族，名下有数家银行。

最初，美第奇家族的祖先是药剂师，后来一辈又一辈的族人凭借经营工商业，终于登上了当时的"富豪排行榜"。到了科西莫·美第奇这一代时，家族的势力登峰造极，很多百姓其实都把老科西莫·美第奇当作是佛罗伦萨的真正统治者。

当然，并不是因为科西莫·美第奇富可敌国，或是买通了官员。而是因为，在政府中确实有一批人十分忠诚于他。尽管这位科西莫·美第奇如此能干，但个性却不张扬，所以一直没有为自己的家族修建一座宫殿，再加上那位建筑师递给他的设计模型实在太奢华了！

　　直到后来，科西莫·美第奇选择了另一位设计师的方案。这座出现在文艺复兴早期的建筑物，总体成正方形，上下分为三层，墙壁十分坚固。来到美第奇宫的正面，会发现所有楼层之间都有屋檐相隔。每个窗户的拱顶则被屋檐固定支撑着，而这些拱顶又被小型的柱子分为了两个部分。

　　在宫殿的正中间有一座正方形的院子，第三层楼则被装饰了古罗马式的屋檐，大概因为这里有住人的房间吧。第二层是整座宫殿的正厅，还有一座小教堂。从美第奇宫外向里看时，可以发现宫殿第二层的转角处有一个奇怪的纹章。这是美第奇家族的象征，正如那光滑底座上的6个小球，其实就是药丸的形状。

　　整个美第奇宫中，只有一座小礼拜堂保存较好。室内地板用方形马赛克铺成，所用材料都是名贵的树种。天花板上的绘画作

品有一种带人入梦的感觉，大抵是因为画中颜料多采用了蓝色和金色吧。

　　另一间想要为你介绍的宫室是合唱厅，来这里的参观者可以再次享受新的视觉盛宴。在合唱厅的天花板上，有无数羽毛笔肆意"飘散"组成了花冠的形状。颜色多为白色、蓝色和红色，仔细看的话，你会发现白色中泛着银光。瞧，我说的没错吧，美第奇宫总会给我们带来意想不到

的惊奇呢!

美第奇宫内的屋子都以内院为中心分布在周围。同时,科林斯式连拱柱又将内院围成了一个圈。从院子里还可通往第二座院,这个不大的花园内除了大型雕像,还有数不清的古文物。如果没有亲眼所见的话,实在无法想象这里的壮观。

到了洛伦佐·美第奇时代,美第奇宫的主人开始收集各种珍宝,因此,这座宫殿逐渐成为了名副其实的艺术宝库。1829年,美第奇宫成为了国有财产,变成了国家管理的博物馆。

美第奇家族

艺术圈中,很多人认为没有美第奇家族,或许就没有欧洲的文艺复兴。在当时,美第奇家族常常会邀请很多有才华的艺术家来宫殿中做客,米开朗琪罗就是其中的一位。住在美第奇宫的米开朗琪罗有着属于自己的房间,并能得到5弗罗林的月薪。这位艺术家一直都与美第奇家族有着很深的感情。

一场大火"造就"了金宫

交上去的作业如果被老师"抓"到了错别字，我们可以及时改正，并且在下次书写时，将完美的内容呈现出来；周末本想放松心情，没想到画出的作品却不能让自己满意，被别人看到可不好，不如就先悄悄藏起来吧。然而，要是一座建筑物不能得到主人的喜欢，却又无法拆除，我想，大概这家的主人也只有看着它闹心的份儿了。

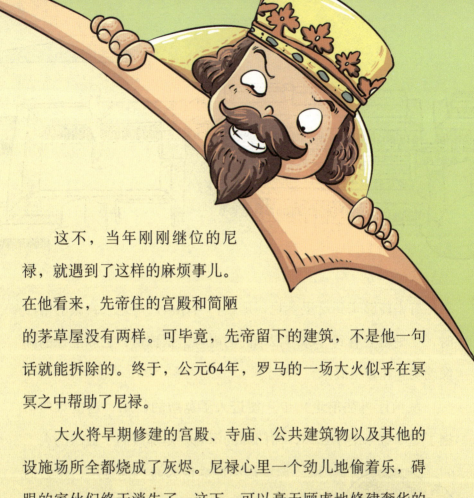

　　这不，当年刚刚继位的尼禄，就遇到了这样的麻烦事儿。在他看来，先帝住的宫殿和简陋的茅草屋没有两样。可毕竟，先帝留下的建筑，不是他一句话就能拆除的。终于，公元64年，罗马的一场大火似乎在冥冥之中帮助了尼禄。

　　大火将早期修建的宫殿、寺庙、公共建筑物以及其他的设施场所全都烧成了灰烬。尼禄心里一个劲儿地偷着乐，碍眼的家伙们终于消失了，这下，可以毫无顾虑地修建奢华的宫殿了。

　　这座尽显尊贵的宫殿，总面积达到了80万平方米，被尼禄命名为"金宫"。其正门修建在了著名的罗马广场上。如

果你有幸能够来到这里参观，那么，当你从广场进入宫殿的前厅时，立刻就会看到一尊37.2米高的雕像。别惊讶，它和尼禄的画像确实有几分相似！

从前厅再往前走几步，便进入了宽敞的门廊。这里竟然占据了整个维米纳尔丘岗，而门廊的深处则是那放满了盐水的人工湖！这座池塘像大海一样宽广，岸边的楼房鳞次栉比，像一座小型的城市。

整座金宫由绘满壁画的宴会厅、蓄水池、浴室和露台组成。其中，宴会厅的天花板就像跑车的顶盖一样，能够自由开启，当宴会进入高潮时，上面的人

可以将花瓣和香料撒入大厅。

宫殿每间房屋的墙壁上，都镶嵌了不同类型的大理石，而且表面全都镀着一层金。房间里曾经铺满了各种漂亮的金叶子和宝石，还有能工巧匠雕刻的象牙装饰。

现在你知道，为什么这座宫殿会叫"金宫"了吧。除了有真正的金子在宫殿中压阵，不得不提的是著名艺术家法布尔在墙壁上留下的绘画。这可比金子值钱多了！

不只墙壁哦，天花板上的绘画作品也令人叫绝。在几十个可供游人参观的开放厅室内，其中一个大厅的顶部，被细细的镀金框分成了圆形、方形和椭圆形，框中表现的是各种神话故事的绘画艺术。

每个房间都会由门洞或走廊连接。在这些房间中，最吸引眼球的是八角大厅，它是金宫中的主体建筑，现存于宫室东半部分。大厅的混凝土穹顶，是由罕见的八边形柱子支撑起来的。设计精妙的地方可不止是柱体，在直径14.7米的穹顶中央，建筑师特地"开了天窗"。光束会随着时间的变化，从圆孔中倾泻而下，大厅的每个位置便会呈现出别样的韵味。

　　金宫的其余部分，是由一排门廊相连接的。千万别以为这些由柱子支撑的门廊千篇一律，毫无看点。你知道吗？几乎每走20步，你眼前所看的景象就会完全变成另一个全新的天地。这种神

奇的感觉，如同穿越时空一般美妙！

在精心修建的花园中，各种鲜花争相开放；宽阔的牧场令人眼前一亮。当然，这两个地方的连接处也得到了"呵护"：为了不让彼此显得突兀，设计者还在这里建造了一座别有情趣的喷泉呢！

公元6世纪时，金宫的浴场和露台被废弃。现存的面积有9290平方米，300多个房间已经发掘出一半左右。尽管如此，游客还是可以从巍然屹立的遗迹中，欣赏到金宫的风姿与壮观呢！

艺术气息浓厚 的梵蒂冈宫殿

梵蒂冈是世界上最小的国家，小到和一个公园差不多大，而且它就在罗马的西北角。准确来说，梵蒂冈是一个"国中国"，它四面都与意大利接壤。别看这个国家只有0.44平方千米，但这里却拥有着无数世界珍宝，例如，梵蒂冈宫殿。

梵蒂冈宫殿最初建立于1377年，一直到18世纪中期，这里都是罗马教皇的住所。后来作为美术馆对外开放，也就是现在我们

看到的梵蒂冈美术馆了。

巨大的宫殿里，保留了教皇厅和曾经教皇居住的房间。另外还有将近30个厅室，分别设有埃及博物馆、奇阿拉蒙提博物馆、美术馆、绘画馆以及图书馆等。现在，就让我们一起去参观梵蒂冈宫殿内的美术作品吧！

在一层的庇奥·克莱门提诺美术馆内，参观者可以看到希腊罗马时代的雕刻，著名的作品有：《拉奥孔》《望楼的阿波罗》《沉睡的阿莉亚多尼》《克尼多斯的维纳斯》《望楼的躯干雕像》等。

顺着地上的引导路线，接下来进入的是伊达拉利亚美术馆，这里主要以公元前4世纪的藏品居多。其中，著名的《飞马》就是公元前5世纪的作品，它来自赤土。除此之外，还有青铜制成的《特迪的战神像》和《黑像式双耳壶》。

梵蒂冈画廊是美术馆新设立的场馆，厅室内收藏有拉斐尔、达·芬奇、卡拉瓦乔等人的作品。让我为你介绍下这些画的名称

和作者吧：《基督变容图》，拉斐尔的作品；《圣杰罗姆》，这是达·芬奇画的；《基督下十字架》，来自卡拉瓦乔的创作。

再来，就是梵蒂冈宫殿中最重要的部分——西斯廷教堂。教堂长约40米，宽度近14米，高有20米左右。米开朗琪罗的《创世记》就是这个教堂的天顶画。另外，教堂两侧还绘有12幅壁画，上面的人物被画家表现得细腻微妙，表情更是生动得扣人心弦。

在教堂的上层，是梵蒂冈图书馆，这里收藏有100多万册图书。馆内书籍可供学者们翻阅，但不外借。为

了方便查阅，管理人员将图书馆分为了5个部门："手稿与档案收藏""印本书与绘画""编目与使用""古币与艺术品""修复与复制"。

登上梵蒂冈博物馆的旋式楼梯，就来到了宫殿的二层。这里的地图廊全长120米，上面摆放了40幅作品。

位于同一楼层的厅室，还有拉斐尔诸室。厅内展示了拉斐尔25岁左右时的作品，分别为：《圣体的争论》《雅典学园》《三大德性》《帕纳索斯山》。埃利奥多罗室则以《希略多拉斯的放逐》成为了众人欣赏的焦点。而拉斐尔回廊内，最著名的画则是《波尔哥的火灾》。

　　人们常说，罗马不是一天建成的。与罗马仅有一线之隔的梵蒂冈，也是如此。如今梵蒂冈宫殿不再是当年的私人宅邸，可它昔日的辉煌却依然不失风采。与其相伴的，还有馆内那些大大小小的艺术藏品。

　　小国家可以有大艺术，梵蒂冈如此；小人物可以有大梦想，你亦如此。

文艺复兴时期的"美术三杰"

　　梵蒂冈宫殿，尽收了文艺复兴时期三位杰出艺术家的作品。他们被大家称为"美术三杰"，分别是达·芬奇、拉斐尔和米开朗琪罗。其中拉斐尔是最年轻的一位，他所擅长的圣母像堪称经典。米开朗琪罗则喜欢雕塑，不过，他性格倔强，教皇的激将法倒是让他为西斯廷教堂留下了旷世杰作。达·芬奇更是位奇才，不仅能画，更能发明创造。有空，你去看看他的设计图纸吧！

美泉宫中有"美丽泉"吗

意大利的北部，是位于欧洲中部的国家奥地利。它的首都在维也纳，一个紧挨着多瑙河的城市。提到这个地方，在你脑海中也许会立刻出现金色的维也纳大厅，但其实，这里除了享有"音乐之都"的美誉外，还有很多美轮美奂的建筑物，因此，你能猜得出它的另一个美称吧？没错，就是"建筑之都"。

在维也纳的西南部，可以看到一座巴洛克式建筑物，它就是我们马上要讲的美泉宫。宫中则有一座盛誉全球的"美泉"。相传，神圣罗马帝国的皇帝曾到此狩猎，口渴难耐之下，正好发现了这里的泉水。谁料，泉水入口清凉，沁人心脾，皇帝欣喜万分，便下令将此泉命名为"美泉"。

整座宫殿于1730年建造完成，后经奥地利女皇扩建，拥有近2000间房间和大型的园林，总面积约2.6万平方米。怎么样？仅从这些数字上看，也会让人觉得霸气十足吧！

现在的美泉宫共有1441间房间，包括皇宫礼拜堂、蓝色楼梯。宫殿房间内，有很多中国风的装饰。例如，在墙壁和天花板上可以看到镶嵌着的陶瓷器。参观的游客可以欣赏到其中45间房间的风格

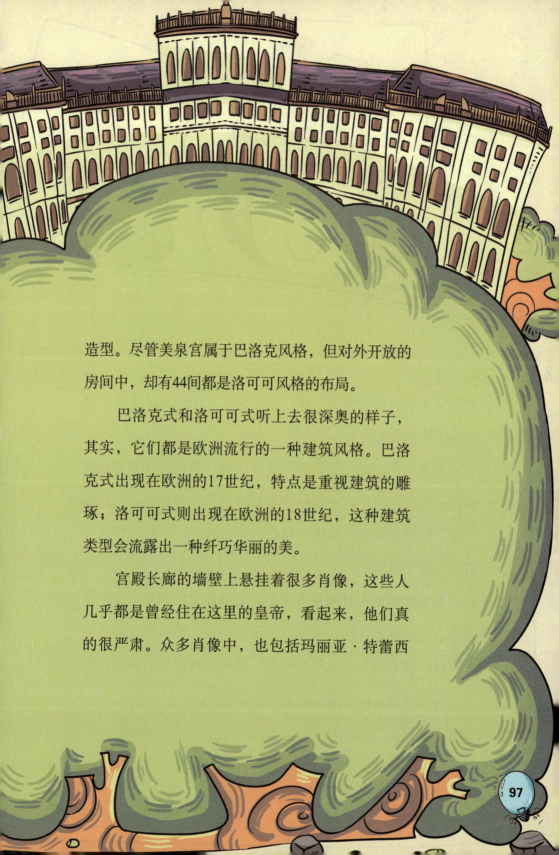

造型。尽管美泉宫属于巴洛克风格,但对外开放的房间中,却有44间都是洛可可风格的布局。

巴洛克式和洛可可式听上去很深奥的样子,其实,它们都是欧洲流行的一种建筑风格。巴洛克式出现在欧洲的17世纪,特点是重视建筑的雕琢;洛可可式则出现在欧洲的18世纪,这种建筑类型会流露出一种纤巧华丽的美。

宫殿长廊的墙壁上悬挂着很多肖像,这些人几乎都是曾经住在这里的皇帝,看起来,他们真的很严肃。众多肖像中,也包括玛丽亚·特蕾西

亚女皇和她的16个孩子。哦，忘记说了，这位女皇就是当初下令扩建美泉宫的人。

美泉宫的后面，是宽阔的皇家园林。这里有整齐的绿树墙，有大型的花坛，还有44座希腊神话人物的雕塑，它们都"躲"在绿树墙内，如果有机会去参观的话，不妨去找找，看自己能发现几个。

在花园的最深处则是海神泉，它修建于1780年。我不知道你的方向感怎么样，它就在美泉的西边。喷泉中央站着一个表情严峻的男人，他叫波塞冬，是希腊神话中的人物。也许你听说过他，就是那位掌管大海的海神。

　　按照希腊神话的故事情节，英勇无比的海神踩着驷马战车，正同章鱼大战八百回合呢！在波塞冬的下方，也就是喷泉的四周，还有另外一组雕像群。这里面有你熟悉的丘比特，还有仙女涅瑞伊得斯。海神泉的外围，有一些青铜雕塑，看上去也是栩栩如生。

　　这些人物都没有穿衣服，你参观的时候可不要害羞哦！因为在欧洲的古典艺术中，"没穿衣服"其实代表着人物的尊贵身份，只有完美的神仙才能被雕刻家以此种方式呈现呢！

　　在海神泉的西边，是一座动物园和温室。如果你是中国北方的孩子，相信你会对温室比较感兴趣，因为里面全都是热带植物。而动物园中的鸽子屋也很有特点，猛地一看，就像是早晨老爷爷们遛鸟时用的鸟笼。

也许走到这里，你会发现自己迷路了。其实完全不必担心，因为整个花园的每条林阴路，都能够在宫殿中心的中轴线上交会。只要你顺着走，肯定能找到刚才参观的美泉宫。

威严的凡尔赛宫

　　法国与意大利北方的阿尔卑斯山地区接壤，相信你在地图上也能很快地找到它。凡尔赛宫在凡尔赛镇上，这里属于巴黎的郊外。

　　站在凡尔赛宫下，会有一种压得人喘不过气的感觉。这是一座古典主义三段式的建筑，简单来说就是，建筑物被划分为三部

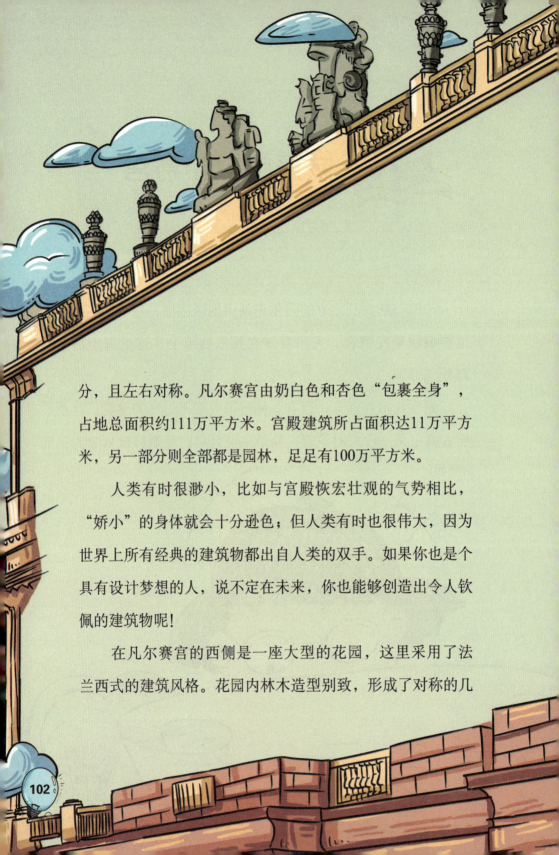

分，且左右对称。凡尔赛宫由奶白色和杏色"包裹全身"，占地总面积约111万平方米。宫殿建筑所占面积达11万平方米，另一部分则全部都是园林，足足有100万平方米。

人类有时很渺小，比如与宫殿恢宏壮观的气势相比，"娇小"的身体就会十分逊色；但人类有时也很伟大，因为世界上所有经典的建筑物都出自人类的双手。如果你也是个具有设计梦想的人，说不定在未来，你也能够创造出令人钦佩的建筑物呢！

在凡尔赛宫的西侧是一座大型的花园，这里采用了法兰西式的建筑风格。花园内林木造型别致，形成了对称的几何图形。园中的道路笔直宽阔，像赛马时的跑道，因此，被人们称为是"跑马者的公园"。

宫殿外部庄严肃穆，里边的装潢设计也十分讲究。每个进入凡尔赛宫的游客，都能够立刻感受到一种浓郁的古典气息，四周和屋顶绘制的精美壁画，无不让人惊叹称奇。

一直仰着头看上面似乎有些困难，那不如就观察下周围的壁画吧。当游客试着集中注意力后，很快就会发现，这些画中的人物和景物都变得立体起来了！我想你也许动心了，快去找一些相关的图片来瞧瞧，然后将画中的故事在大脑中想象一番。怎么样，是不是比看了场3D电影还过瘾？

  这里有500多间厅堂，大部分以巴洛克风格为主，每一间都透露着皇室的尊贵与奢华。五彩大理石镶制的墙面，四处可见的挂毯，精美的家具，还有天花板上吊着的巨型水晶灯，样样都让人看得眼花缭乱。

  在宫殿的大殿小厅中，动物形象的装饰物也特别吸引眼球。像狮子、老鹰，这些都是权力和威严的象征。设计师并不仅仅在装饰物上变化多端，就连天花板也形态各异：有半圆的、平展的、半球形的。

  另外，有些房间的天花板上除了精美的彩绘，还有浮雕加以点缀，立体感就显得更加强烈了！

  凡尔赛宫主楼二层的东北角，是海格立斯厅，连接着宫殿的中路和皇家教堂。海格立斯厅的西侧是丰收厅，它可不是装粮食的储藏室，而是大臣觐见国王时的主要入口。哦，在这里说一下，国王住的套房在主楼的东侧。

阿波罗厅曾经是法国国王的御座厅，因此布置得更为奢华，连天花板上的浮雕都镀着金呢！墙壁上则不同于其他的厅室，没有挂毯也没有选择丝绸，而是用了深红色的金银丝镶边天鹅绒。皇帝的御座被安放在了大厅中央，有2.6米那么高，是用纯银打造的哦。御座下铺着的波斯地毯也是价值连城。

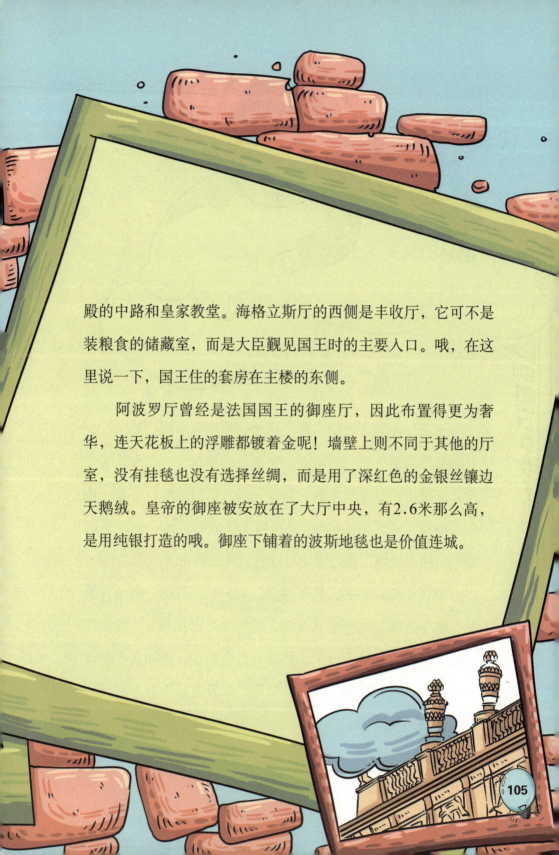

  还有一个地方比较有趣，这个厅室的名字叫"镜厅"。大概有76米那么长，13米高，宽度在10米左右。这么长的大厅其实是由长廊改建来的。如今我们看到的镜厅，有着一块巨大的镜子，它是由400多块小镜子拼成的。另一面则是17扇巨大的落地窗，透过窗户可以看到对面的花园。

  除了上面说到的，凡尔赛宫还有：王后套房、剧场、教堂、战争画廊、大特里亚农宫、小特里亚农宫等等。我知道说这么多你肯定记不过来，如果有机会的话，不如自己亲自去体验下"跑马者的公园"的宽敞，以及宫殿中各个房间的精美雕饰。

久负盛名的卢浮宫

电影《卢浮魅影》中，一个来自预言家的灵魂在卢浮宫中四处游荡，整个影片中营造的神秘气氛让观影者在电影结束后仍然心有余悸。那么，卢浮宫中真的有不留踪迹的魅影吗？嗯，我可以肯定地告诉你，魅影没有，每天参观宫殿的人影倒是不少。

卢浮宫建立在巴黎的市中心，整体建筑占地面积约4.8万平方米。猛地看上去，像一块"U形磁铁"。这么大的宫殿并不是

一下就建成的，重修和扩建的时间加起来前后用了800多年。因此，卢浮宫也分成了新、旧两个部分。

要想到这座"U"形的宫殿中参观，需要从它前面的"金字塔"进入。玻璃金字塔是贝聿铭专门为卢浮宫设计的，他可是一名华人建筑设计师呢！很多艺术家都认为，这座金字塔是将现代艺术与古典文化相结合的优秀作品。

13世纪时，卢浮宫修建完成，并被当作法国王室的城堡。随着历代王室的更迭和扩建，宫殿内的艺术珍品越来越多，直到18世纪，卢浮宫才成为了绘画和雕塑的"展览室"。显然，这也是世界上最高规格的"展览室"了。

1793年，卢浮宫艺术馆对外开放。整体分为希腊罗马艺术馆、埃及艺术馆、东方艺术馆、绘画馆、雕刻馆和装饰艺术馆6个部分。随着博物馆内的收藏逐渐增加，时至今日，在馆内的收藏目录上，已经有40多万件艺术品了。

卢浮宫内的艺术珍品在世界上非常有名，很多人都慕名前来参观。中国东北的三件宝大家都知道，那你知道卢浮宫的三件宝是什么吗？它们分别是：雕像《米洛斯的维纳斯》、石雕《胜利女神》和油画《蒙娜丽莎》。这三件宝贝不仅是卢浮宫的镇馆之宝，也是世界宝物中的奇葩。

　　我知道你一定迫不及待地想要了解更多的宝物，对吗？别着急，我将按照展厅来为你一一介绍。

　　希腊罗马艺术馆内藏品较多，有7000件左右。别忘记，卢浮宫作为法国王室的宫殿时，也曾被用来收藏艺术珍品，这个艺术馆就是以这些收藏品为基础的。其中，《米洛斯的维纳斯》和《胜利女神》就存放在这里。

　　埃及艺术馆有23个展厅，小件文物多是古代尼罗河畔人民的服饰、配饰及乐器，大件文物则包括古埃及神庙的残垣断壁等。

　　东方艺术馆中，最有名的是牛身人面雕像，这是一个长着翅膀的"怪家伙"。如果你听过周杰伦的《爱在西元前》，下面提到的这个你应该会熟悉：《汉谟拉比法典》。法典使用了楔形文字，一共282个条目，记载在黑色的玄武岩上。

　　绘画馆内有35个展厅，2200余件作品，其中就包括达·芬奇的《蒙娜丽莎》。如果你想亲眼目睹这位女神的尊容，可以支卢浮宫二层的中间大厅。不过，你别指望可以靠得太近，因为《蒙娜丽莎》被保护在了防弹玻璃罩内，所以参观者"只可远观"。

　　雕刻馆中的雕塑作品有1000多件，很多都以人体和动物为主题。在你的印象里，雕像都是石刻的是吗？如果你回答是，那可就答错啦。既然木头可以雕成花纹贴在天花板上，那大一些的自然可以雕成人的模样啦！要记住啦，《圣母与天使》就是典型的木刻作品。

　　装饰艺术馆的收藏数量达到了15万件以上，室内设计作品从中世纪到21世纪都包括在内。庞大的作品大多来自个人的捐赠，除室内装饰外，还有陶瓷、壁纸、挂毯等相关艺术品。好啦，我就介绍到这里了，现在，你能闭上眼睛将刚才提到的作品背出来吗？试试吧！

具有非凡使命的
枫丹白露宫

枫丹白露宫在它修建完成后，起初只被当作是法国王室的行宫。几百年后，弗朗索瓦一世下令将其扩建，想要使这里成为"新罗马"的基地。如今，这座宫殿就位于塞纳河的左岸，距巴黎大约60千米。

每一个来到枫丹白露宫的游客，都会觉得神清气爽，这是因为宫殿四周的环境实在太好了。试想一下，在森林里自由呼吸的感觉，就像被大自然拥抱一样。枫丹白露宫就建造在森林中，而且还是个170平方千米的森林哦！

枫丹白露宫由几个庭院组成。西面的白马院约有152米长，

112米宽。这里是枫丹白露宫的主要入口。在院子的北边，是弗朗索瓦一世配殿，南面是路易十五的配殿。白马院正门前的台阶特别有意思，嗯，或许它与庭院的名字有关——是一个巨大的马蹄形。

源泉院位于白马院的东侧，这是一个正方形的院子，因院内有一座喷泉而得名。院子南部修建了一座鲤鱼池，紧挨着这座人工湖的是中国馆，里面有大量明清时期的名贵字画、香炉玉器以及珍贵首饰等艺术珍品。

　　院子北部则是著名的弗朗索瓦一世长廊。这条长廊修建于1544年，宽和高都是6米，长度约64米。长廊上半部的装饰物由石膏和大理石粉末粉刷，下半部分是细木雕刻的护壁，有2米高。廊内壁画寓意深刻，雕塑栩栩如生，两者相互衬托更显典雅。

　　椭圆院又名钟塔庭，这里保留着圣路易纪念塔。院子的东侧是多芬门，赫梅斯廊与其相对，可通往另一座庭院——官员庭。王子院在椭圆庭的北侧，周围的建筑物几乎都是亨利四世和路易十四时期留下的。

　　除了5个庭院外，枫丹白露宫还包括6座王宫和4座花园。其中，国王与王后的寝宫、舞厅，狄安娜花园、狄安娜长廊、碟廊等，都是著名的参观景点。

在国王的睡房中，四处都是金色耀眼的光芒，尽显着奢华的贵气。不过，国王睡觉的程序倒是有些复杂，因为他得上个楼梯才能来到床上休息。

狄安娜花园里最著名的就是狄安娜喷泉了。瞧，背负弓箭的狄安娜女神，还有她脚下四只蹲着的猎犬，以及从口中喷出泉水的鹿头，整个设计都显得层次分明。但每个景物却又结合成了一幅皇家狩猎图，可见设计师非凡的功力！

告别庭

1814年4月6日，拿破仑签下了退位声明。14天后，他在"皇帝万岁"的送别声中，发表了告别演讲。当吻别了曾与他并肩作战的将士们后，拿破仑便前往了厄尔巴岛，开始了他流放的"旅程"。由于拿破仑当时是从白马庭院中走出来的，所以这里又被称为"告别庭"。

庄重典雅的
爱丽舍宫

法国的爱丽舍宫地处巴黎市中心，占地面积约1.1万平方米，位于香榭丽舍大街的东端。这座已经有300多年历史的建筑，最初曾是一位名叫戴佛尔伯爵的私人住宅，所以在18世纪时，也被人们称作是"戴佛尔公馆"。

历史更迭，爱丽舍宫也随之易主多次。直到1989年，法国政府才决定将其对外开放，时间是每个月的最后一个星期日。

爱丽舍宫的主楼，是一座两层欧式古典建筑，整座楼由大石块砌成。中间有一个宽敞的庭院，总体呈矩形，在它的两侧分别有一座平台相向对称。蓝天与庭院中的绿地相互陪衬，每个人看到眼前的景色，心情总会变得特别明媚。

在爱丽舍宫的后面，有一座风景秀丽的大花园，幽静的氛围与正门面对的闹市形成了鲜明对比。再加上宫殿周围岗哨严密，主楼前共和国卫队守卫着大门。这些身穿蓝色制服的卫兵，总给人一种"皇家重地，闲人勿近"的压迫感。不过，好在爱丽舍宫是开放性建筑，只要你在开放时间内遵守制度，他们是不会对你怎么样的。

外面的爱丽舍宫庄重典雅，看上去并无特色，但宫内的陈设却是金碧辉煌。屋内约有2000件镀金家具，

几乎都来自17至18世纪。家具上面通常会摆放着精美的艺术珍品。地面上的座钟金光闪烁，类似这样的座钟，在宫殿里大约藏有130只。

　　爱丽舍宫一共有369间大小不等的厅室，每间的墙壁上都有镀金细木装饰，而且还配有世界名画。不过，并不是每个房间的布置都很相似，有些屋子的墙壁上也会用挂毯来进行装饰。在欧洲，皇室成员对挂毯十分钟爱，爱丽舍宫的主人也是如此，这里的名贵挂毯就有200幅左右。

从1873年开始，爱丽舍宫就成为了法国总统府。所以此后的百余年来，法国总统一直在这里办公和居住。说到这儿，你就明白爱丽舍宫为什么只能定期开放了吧！

在宫殿一层的中央，是主楼的入口处。同在底层的还有总统接待外宾的会客厅，以及会议厅和宴会厅。这些重要的外交场所，在格局的布置上十分讲究，确实有几分法兰西共和国的威严。那么，总统到底住在宫殿的哪里呢？

别急，主建筑的二层就是法国总统办公和生活的地方。按照惯例，每一位新上任的总统，都会对办公室进行一些改动，以示与往届总统的不同。如果新总统保留了办公室之前的大部分风格，那就表明他将继续前任总统的路线治理法国；相反，要是新总统将办公室的装饰风格彻底改变，那就表示，他要大干一场，重新开辟一条"治国大道"了。

在爱丽舍宫中，还有一个通往地下的秘密通道。这是做什么用的呢？难道是通向外面的"安全通道"？

事实上，在爱丽舍宫的地下有一个神秘的"丘比特指挥室"，这条地下通道就是通向指挥室的。这里是法国总统发布军事指令的重要地方，自然要严密保护了。你知道吗？仅室内的墙壁就有3米厚呢！

指挥室中不但配有双扇装甲门，而且还装有三个萤光幕和一台摄像机，这样就能清楚地看到总统办公室了。怎么样，是不是和电影里的最高机密中心有些相似了？

爱丽舍宫的节庆厅

外宾来做客，总统当然要尽地主之谊了，留客人吃饭就是最好的方式。爱丽舍宫的节庆厅可以同时接待200至250位宾客，尽管这里已经举办了多场国宴，但繁复的礼节却从古到今一直都没有变过。

宾客除了能够享受到盛誉全球的法国大餐，还可以看到精致的餐具和餐巾，可别小瞧这些"附属品"，它们全都是法国制造商专门为总统府设计订制的呢！